AF274788

VITA FLUMEN
© Fernando Torres Vico
Diseño de portada: Dpto. de Diseño Gráfico Exlibric

Iª edición

© ExLibric, 2026.

Editado por: ExLibric
c/ Cueva de Viera, 2, Local 3
Centro Negocios CADI
29200 Antequera (Málaga)
Teléfono: 952 70 60 04
Fax: 952 84 55 03
Correo electrónico: exlibric@exlibric.com
Internet: www.exlibric.com

Reservados todos los derechos de publicación en cualquier idioma.

Cualquier forma de reproducción, distribución, comunicación pública o transformación de esta obra solo puede ser realizada con la autorización de sus titulares, salvo excepción prevista por la ley. Diríjase a CEDRO (Centro Español de Derechos Reprográficos) si necesita fotocopiar o escanear algún fragmento de esta obra (www.cedro.org).

Según el Código Penal, el contenido está protegido por la ley vigente que establece penas de prisión y/o multas a quienes intencionadamente reprodujeren o plagiaren, en todo o en parte, una obra literaria, artística o científica.

ISBN: 979-13-88079-84-9
Depósito Legal: MA 221-2026

Impresión: PODiPrint
Impreso en Andalucía – España

Nota de la editorial: ExLibric pertenece a Innovación y Cualificación S. L.

FERNANDO TORRES VICO

VITA FLUMEN

ExLibric

ANTEQUERA 2026

Prólogo

Siempre he pensado que a Fernando Torres Vico la poesía le sale como a otros el insomnio o el recuerdo: inevitable, íntima, jodidamente humana. En él no hay postureo ni palabras altisonantes. Hay una mirada, la suya, que ha visto cosas —algunas dulces, otras feas— y ha decidido contarlas sin anestesia, pero con cariño. Porque este libro está lleno de amor, aunque a ratos no lo parezca. Amor de pareja, de hermano, de padre, de lector, de los que han estado, de los que se fueron. Amor con heridas, con dudas, con canciones en la cabeza.

Fernando escribe como quien se sienta en el borde de la cama a pensar en lo que no dijo. A veces siente rabia, a veces ternura, muchas veces las dos cosas. Le canta a la mujer que lo salva, al árbol que lo espera, a la tristeza que no avisa, a un futuro que todavía se deja escribir. Y, entre tanta palabra, hay una verdad que asoma: que estar vivos duele, pero no siempre. A veces también es hermoso.

Para hablar de *Vita flumen*, resulta inevitable hacer alguna referencia a *Calle Vico*, ya que ambos comparten una voz lírica coherente y personal, profundamente autobiográfica, marcada por un tono confesional, nostálgico y combativo.

En *Calle Vico*, la poesía se construye como una suerte de memoria existencial, un recorrido íntimo por las etapas vitales del poeta. Domina un tono de madurez reflexiva, con claros acentos melancólicos y amorosos. La calle, como símbolo, es espacio de tránsito, infancia, resistencia y deseo. Se observa una constante exploración del yo poético que se desdobla: «Yo soy cinco, y estoy en cada uno de ellos por completo...».

En cambio, *Vita flumen* resulta más introspectivo, más existencial en su tono, y se sumerge con mayor profundidad en el dolor, la incertidumbre y la voluntad de persistir. Aunque hay poemas de amor —muchos dedicados a Mabel, su musa constante—, el poemario amplía su mirada hacia una crítica más explícita de la realidad contemporánea.

Ambos libros mantienen un estilo directo, con un lenguaje llano y transparente, sin perder fuerza lírica. Sin embargo, *Calle Vico* emplea con mayor frecuencia imágenes costumbristas, elementos del entorno urbano o doméstico, y referencias pop (Rosendo, Sabina, Bowie). *Vita flumen* me parece más libre formalmente y arriesga más con estructuras poéticas flexibles, donde abunda el verso largo, casi narrativo, y un uso reiterado del encabalgamiento emocional.

En los dos he podido apreciar la recurrencia de ciertos símbolos: el árbol, las mariposas, la luna, el mar. En *Calle Vico*, estos son parte del imaginario del consuelo y la memoria. En *Vita flumen*, ganan en intensidad simbólica: «Llueve, la lluvia empapa mi ser, / mendigo de un sueño olvidado» (Ese momento de huida).

Calle Vico presenta a un sujeto lírico que mira hacia atrás, que hace balance, pero mantiene la esperanza en el amor como redención. *Vita flumen* proyecta un yo más cansado, herido por la rutina y la injusticia, pero aún capaz de alzarse con dignidad y ternura. El amor sigue siendo refugio, pero también herida y despedida: «Incluso el amor eterno tiene fecha de caducidad» (El amor eterno).

En síntesis, ambos poemarios son complementarios. *Calle Vico* parece la crónica de una vida vivida con intensidad, con sus derrotas y celebraciones, mientras que *Vita flumen* es una respuesta a esa experiencia, una búsqueda de sentido en medio del desencanto, en el que la voz del autor se consolida como una expresión poética de resistencia emocional y social, con una mirada íntima, urbana y comprometida.

EL EDITOR

CATACLISMO

La vida es una estrella de neutrones
y, en medio, un agujero negro.

Mientras tanto, disfrutemos del amor.
Amanece el porvenir en nuestras manos.

Gritan su pasión los enamorados.
Tantas caricias en las miradas.

El cataclismo nos recuerda
que aún estamos vivos.

La caja

La vida y la muerte.
El amor y el olvido.

Recuerdos de piel.
Desaparecen.

El poema se vistió de mar
y sus olas acarician mi alma
y se entremezclan con tus recuerdos.

Tantas inquietudes en mi silencio.
Y esta ilusión que me guía…

406

La felicidad acuna nuestras miradas.
Encontró cobijo en las caricias debajo de la mesa.
Quiso gritar para anunciar el avance de los besos
que ilustraban la pasión por venir.

Y se mostró desnuda en nuestros corazones.
Cómo disfrutaba impeliendo la ternura
que vive en nuestros sedientos cuerpos.
Quiso quedarse a nuestro lado
y nos persiguió con arrebatadora locura.

De felicidad se hiló cada momento esa tarde.
Devoraba el amor como un niño un helado,
invadido por las prisas y la agitación
que le facilitan vivir en su paraíso.

Tú y yo sabemos que aquella felicidad
tiene la dirección grabada de nuestras almas.

Mi guerra

Hoy como ayer y como guerra eterna
encerrada en mi corazón,
la rebeldía incendiaria
es la llamada al nuevo día.

Solo con esa rebeldía venceré lo cotidiano,
donde el trabajo espera como guillotina
de los sueños por venir.

Oh, las horas vacías
horadando mi ciclo circadiano.

Esta singular historia de mi vida
que se abre como película de los cincuenta,
donde el protagonista muestra su revólver
a la mafia siciliana.

Fundido en negro.

BAILAR

A Mabel

Quiero bailar contigo,
cuerpo a cuerpo,
un lenguaje visual nuevo.

Tu indispensable talle,
sobreviviente de mil batallas,
rehén de mis caricias.

Quiero bailar contigo,
como si nunca hubiese
hecho otra cosa, bailar.

Ancestral ritual,
hechizado por tu piel,
al compás de tu mirada.

Quiero bailar contigo,
en cada pliegue de la vida,
en cada instante de la eternidad.

Alquimia etérea
es bailar pegado a ti,
ese baile romántico
que ahoga el triste grito
en mi garganta.

Quiero bailar contigo,
baile que me hace inmortal
siendo de agua y sangre.

Sepultado en tu abrazo,
hasta el día final,
quiero bailar contigo.

Así es la vida

Mis años pasaron entre risas, lágrimas y canciones,
versos y palabras que regresan a la mar,
esos años, libres como gaviotas en el atardecer,
abrazados a tu talle al alba…
Pasaron como un niño feliz bajo la lluvia,
como un susurro de amor ungiendo
nuestros cuerpos desnudos.

Ya sabes que a veces soy ese árbol,
que da cobijo a esas golondrinas, vestidas de boda.

Cuántas veces un aullido en noche de luna llena,
el desastre con pantalones,
la luz al final de la escalera,
la pregunta sin respuesta,
la mueca ajada en primavera.

Recuerdo mi feliz niñez,
entre olivos, pinos y juegos.
Los amigos, en cada etapa de la vida,
los indios, el Monopoly y el fútbol,
… diversión entre humo y un gin-tonic,
lecturas compartidas, viajes, muchos viajes,
menos de lo deseados.

Y el tiempo pasaba cantando
y mi voz cantaba a su vez,
como payaso, como titiritero, como poeta,
ese rock and roll, esa manera de vivir.

El árbol busca asilo en tus abrazos.

INSIGNIFICANTES DETALLES

Nunca te di, querida cómplice,
un selecto e impresionante
conjunto de muestras de amor,
como ocurre en las películas,
nunca te bajé la luna de los enamorados,
sino solo, pequeños, diminutos,
ínfimos detalles:

un apasionado abrazo,
unos versos amables,
unas tiernas palabras,
un sencillo gesto,
unos pasionales besos,
una cariñosa sonrisa,
unos oídos para tranquilo escucharte,
un baile, mil bailes a tu lado,
una sincera caricia…

Solo unos insignificantes detalles
es lo que te di, querida.

VOLVER A EMPEZAR

Volver a empezar,
como un bebé que trata de acoplarse a la vida,
asimilando el indescifrable llanto de los días.

Escasamente mi alma es capaz de ver
más allá de la locura que me habita.
Mi destino está ceñido
al álbum de los recuerdos de tu cuerpo.

Volver a empezar,
volver a escribir el camino
que mis cansados pies deben andar.
Invisible entre la multitud,
busco esa ola de amor
que me vuelva a sumergir en tu mirada.

Reo de la incomprensión y la oscuridad,
avanzo perplejo con mis callosas manos
a construir otro futuro.
Volver a empezar,
volver a unir los pedazos de mi corazón.

Entre versos tristes, estoy.
Yendo a la deriva de la amarga realidad.
Duro trance esta génesis mía.

Volver a soltar amarras.

El arca

El futuro a tu lado se fragmentó en colores,
como espectacular arco iris en el cielo,
veo el porvenir tranquilo y feliz,
la ilusión arropa nuestros corazones.

Escucho a Robe explicar en su canción
que el mundo cruel debería inundarse.

Razón no le falta.
Pronto nosotros nos fundiremos en besos y caricias,
en un arca construida por nuestro amor.
Y que el mundo a nuestro lado se inunde.

En este viaje sin retorno que es la vida,
nuestro querer de versos alejandrinos
rompe los candados de la carencia.

¿A dónde nos llevará este amor?

A tu lado no hay dolor,
engendras suavemente lo que soy.

Contigo tengo asegurado el mañana

DELIRIO

En la banda sonora
de mi existencia,
crece el rock and roll.

Rabiosamente lo siento.

Se plantó su semilla
antes de mi adolescencia.

Acontecen los días,
se diluyen las noches
entre mis poemas que nadie lee
y Won't Get Fooled Again.

Un perro ladra
el grisáceo son
que suena en la radio
en un nuevo amanecer.

Acontece el latido
del amor, dando en el clavo
de la locura, donde nace la conversación
entre los sentimientos
que aceleran el corazón.

Lo siento, sigo sin echar raíces.

Una navaja multiusos
para cortar mi poemario
y dejar solo una cresta
en el último verso escrito.

Romper los móviles,
hablar sin tapujos,
despertar las sensaciones
antes del anochecer.

Suena la canción
que me abriga.

Eternamente exorbitante.

Aprieta el sol como si estuviese en el desierto.

Acontece mi liberación.
La siento.

Me sumerjo en el océano
de un espejismo sin llaves.

Acontece el último baile
de mi delirio.

EL BESO

De nuevo besado por la vida.
Un beso de amor en los labios.
Alguien canta a lo lejos.

De nuevo se abre el telón.
Las nubes desaparecen en el cielo.

Tiembla mi fiera alma
como cortinas mecidas por el viento.

Una botella de agua
encontrada por un sediento en el desierto.

Un hombre cualquiera
insistiendo en alegría.

De nuevo en funcionamiento el GPS del amor.

Tras la ventana,
la niebla invade los rostros,
para recordarme que me aferre
a esa felicidad compartida del momento.

Y bajar a la gran verdad del querer.

DEPRESIÓN

Llorar, llorar, llorar,
se levanta llorando,
como si nunca hubiese hecho otra cosa,
llorar.

Ante los golpes que le arrea la vida,
a veces, solo a veces,
esta íntima humarada de lágrimas
la lleva hacia la mar.

Hoy llorando te fuiste a trabajar,
sonrisa de Signal para los clientes,
y la música sonaba en la radio,
pero tus pies no se movían al compás.

Escribirás en Instagram, aquellos les sonreirás,
sabes que esto también pasará.

Te miras en el espejo,
recuerdas los haberes que tienes;
es cierto que son pocos, pero genuinos,
da para llenar un cestillo de esparto.

Día a día, mañana tocará reír.

GANAS DE OTOÑO

Mis amadas primeras lluvias
repiquetean en mi ventana
una linda balada de amor.

Contemplo en tu bucólica tez
romántico e intrépido otoño,
nuevos colores, nuevas sensaciones
que me transportan tranquilo, sereno,
a olvidados sueños por cumplir.

Me gusta caminar despreocupado
sobre el crujir de tus hojas doradas.

Me gusta ese profundo mutismo
de melancólicas calles desiertas.

Me gusta ese olor a tierra mojada
de recuerdos de mi infancia.

Me gustan esas tardes plácidas de lectura,
de cerveza e íntima conversación.

Me gusta hacerme abismo, ensimismado en mí,
tiempo de silencio, mi querido otoño.

XOVE

La mirada excitada y exclusiva
en esos días de verano
en Xove, donde reíamos,
bailamos, paseamos, hablamos
los familiares y amigos,
como un plano secuencia,
me llevaba a la felicidad,
donde veía el futuro
ilusionante y esperanzador,
pues me veía viviendo entre su gente.
Un esbozo de vida,
que se intuía
más allá de la meta,
de los sueños por cumplir.
La rutina de los años en Madrid
me ha llevado directo al amanecer
de ese día afortunado
de mi partida hacia Xove,
un lugar donde vivir
sin sentir remordimiento,
un lugar parecido a la utopía,
un pueblo donde echar raíces
hasta que haya que cruzar
a la otra orilla del río.
Mientras tanto, entendí,
entre versos y un cielo azul,
las reglas para ser feliz.

PARA ESCRIBIRTE

Solo volví para escribirte,
tengo rabia en la mirada,
rabia en el corazón,
rabia en el lugar donde otros matan sus sueños.

No es este mundo el que imaginé,
donde triunfa el tonto corrupto,
donde el lamento se esconde tras una cerveza,
donde los que se amaron
quedaron colgados en el epílogo primario
de una triste historia olvidada.

Por eso vine, para escribirte,
para recordarte que hay que vencer al miedo,
que hay que hacer que sea cotidiano
el amor, la ilusión, la solidaridad.

Por eso vine para escribirte,
para mostrarte la esperanza escondida en tus ojos,
que pinta las aceras que recorres,
que abona las flores que crecen
en la entrada de un nuevo futuro.

Abrazado a la vida, no abandones,
en la próxima curva te guiña el ojo la libertad.

LA FUGA

Vuelvo a escalar al utópico sueño,
desnudando la esencia de los versos.

Me fugo a paraísos perdidos.

Ahora es la curiosidad,
la mirada sometida al consuelo,
el alma preparada para el descubrimiento.

Como el aventurero, como un nuevo Kurtz
en una noche estrellada, solitaria,
que purifica el ascenso del alma.

Ahora encuentro el abrazo eterno
y despedazo la muralla de la locura.

Me fugo donde nace la poesía.

TU VERDAD

Paseando por la playa,
el viento vuelve a acariciar mi tez,
las olas mis desnudos pies
y entonces vuelvo a ver
a la gaviota del amor volando bajo,
esa gaviota que apostó todo a nuestro amor.

Y siento la noche como una alegría
y encuentro el rastro perdido de tus besos,
y como el príncipe que fui,
me adentro poderoso en tu vida.

En este momento, encanto,
veo con claridad la luz del querer
en el infinito de tu mirada
y rompes con ella mis tristes versos.

Feliz, me anclo a tu vereda, a tu verdad.

TE ATREVES

Hoy entendí, entre risas,
que el vuelo de la mariposa
alegraba mi alma.

La palidez de la vida
inundaba mi rutina,
y mis ojos se pierden
en su incesante maldad.

Como un Goliat, los problemas
luchaban contra mis sueños.

Mas hoy, entre risas,
compuse los versos adultos
que truecan mi porvenir en alborozo,
para ir a otros mares, a otros pueblos.

Y la vida, una flecha
en busca de la misma diana.

Y qué difícil es cambiar su trayectoria.

ESTA AZUL NOCHE

Esta azul noche,
tranquilo, escucho el sonido del amor
susurrándome tierna, dulce,
la balada de las caricias.

Y aún me atrevo a mirar
la verdad de la duda
que tanto sabe de mis sueños.

Esta azul noche
tiembla ante los besos
sedientos de nuestras bocas.

Vértigo de amor en la noche.

Recuerdos

Recuerdo nuestro amor,
cuando los dos éramos felices.

Los libros devoraban nuestras horas,
los versos vivían en nuestra mirada.

Los viajes fuera de nuestra pequeña patria
liberaban nuestra mente, nuestros corazones.

Y una conversación, y dos, y mil…

Y sentir que nos ataba las manos la alegría.

Éramos valientes por amor.

Recuerdo las plácidas noches,
cuando me perdía sin remisión
en la suavidad de tu piel.

Recuerdo que fue ayer,
es decir, hace mil noches.

Sensación

En la soledad más profunda,
sentado en el bar tomando café solo,
escribiendo versos, mirando a la gente,
me encontró el irreversible amanecer.

Fue entonces cuando me di de bruces
con el negro muro de la realidad.

Estaba solo, rodeado de palabras que no escuchaba.
Estaba solo y entonces lo vi:

nos querían los versos de Lorca,
nos evocaba el soneto de Quevedo,
nos cantaban los viejos juglares.

En ese pequeño universo onírico,
bastaba entonces una mirada,
para que la alquimia del amor
uniese nuestros incompletos cuerpos
en un éxtasis completo.

Aquello era el paraíso, batalla ganada,
esa lucidez atormentada
me encubre y me defiende,
esperando ansioso el ayer.

Ese instante

Ese instante que moldea nuestro amor,
ese instante del último aforismo,
ese instante alegre, lleno de utopía.

La subida del telón, el éxito de la temporada,
esa vida bella y extrema,
esa vida plena y sugerente,
con las miradas de los pocos vivos
hacia nuestro querer.

Ellos, los muertos, sumergidos en el vacío,
sin palabras, sin recompensa, sin planes,
sin actividad, sin conocimiento, sin sabiduría,
el fruto de la inerte tumba andando por las calles,

Nosotros en el camino, aún respirando
ese instante único, genuino, nuestro,
ese instante donde la vida
nos besa, nos abraza con fuerza,
ese instante en nuestro caminar.

Dos amantes

Poesías de León Felipe
y cuadros de Klimt.

En la habitación sostenemos una conversación
sobre nuestra relación.

Hablamos de los instantes, de la ausencia,
de las miradas, de los besos no dados,
de los amaneceres compartidos, de la mar,
de la palabra que cura, de la forma y la razón.

En la orilla de los versos,
el fuego ancestral, el incendio de antaño,
no se ha extinguido a pesar de los años.

Somos memoria y niebla, quebrados del amor,
la sed y el agua, la música y el silencio.

Dos amantes que se asen en la vida
a la idea desgarrada del querer.

Somos dos amantes que han sobrevivido
a muchas lágrimas, y no menos risas.

Dos amantes que se aferran en la muerte
a sus cálidos cuerpos, ceniza petrificada.

El sueño eterno.

La incertidumbre:
¿vivir o morir?,
¿seguir andando o parar?

El sueño eterno:
alejarse del mundanal ruido,
cerrar los ojos,
cerrar los oídos,
cerrar la boca.

Ver cada uno de mis poemas
navegando en el olvido.

MI CÓMPLICE

Detrás del espejo sin marco
se desperezan mis versos,
versos asertivos donde, serenos,
duermen tus besos.

Cada palabra, perenne, sólida,
cada verbo esquivo, cada ilustre adjetivo,
viene con una tierna caricia tuya.

Cada gota de sudor de inspiración,
entre líneas, como semillas portátiles,
crean la ilusión de tu amable cuerpo.

Cada verso, cada uno de ellos,
a solas, baila contigo la alegre
balada del amor.

Cada verso, cada uno de ellos,
guarda tu cara de Madonna renacentista,
y reconoce tu coraje de curtida guerrera,
miliciana del siglo XXI.

Comparto su alegría de colores
en la vetusta noche del querer.

SEVILLA

Mi horizonte se ensancha
en una ciudad impecable,
es una canción que se baila,
sus calles se hacen arte.

La ciudad ríe, canta, toca, habla,
por todos sus rincones, sus románticas plazas,
sus atestados bares…

La vida sigue adelante, dinámica, divertida.

Su mirada te eleva el alma,
su piel tatuada de versos
te enseña el camino a seguir,
su voz horada los tuétanos…
Se alegra con tu llegada,
donde nunca vas a ser extranjero.

No puedes huir de su algazara,
no hay estrías, ni arrugas, ni fealdad
en su tersa cara, belleza sin par.

Sevilla una creación encantadora,
atractiva, imprescindible,
junto a su histórico Guadalquivir,
donde el tintero del talento
fluye hacia linderos eternos.

Suena su jocoso sonido,
animándote a volar.
Mi amor por Sevilla se agranda.

PARA TI

Esperando el vuelo del porvenir
en un mundo raro, incierto, grosero,
un mundo COVID,
donde el poema se parapeta en la mirada sincera
de ti, lector.

Alguien lee en la hondonada del ocaso,
escondido en el bosque del silencio,
comprobando entonces
que un mundo mejor es posible,
que las palabras consuelan el alma.

He de escribir entonces acordándome de ti.
He de escribir renglones de esperanza.

VIDA

Vida.

Versos libres donde se oculta
la gema de la cordura,
calle de luchas perdidas.

Vida.
Ardides diarios para salir del apuro,
singularidad del espíritu
con el cuchillo siempre en la mano,
dispuesto a no usarlo.

Vida.

Escribo recordando tu pena,
manos desahuciadas, viscosa esperanza,
fin de la rebelión, bloqueo de la palabra.

Vida.

Deshabitado silencio del plural,
anhelando el equilibrio,
anhelando un nuevo mundo.

Lo que nos queda es restaurar los instantes.

Ese momento de huida

Me voy con Pizarnik a la mar,
arrojando los férreos candados de mi alma.

Mi sangre se ha convertido en cárcel.

La esperanza se ha convertido en fuego.

Llueve, la lluvia empapa mi ser,
mendigo de un sueño olvidado.

Hoy, que no entiendo nada,
hoy, que poco sé de tu querer,
encuentro en el eco de tu voz
la melodía de aquel bolero
que bailamos desnudos bajo la luna.

Me voy, y me convierto en árbol caído,
las olas acarician mis raíces.

Ese momento de huida.

La faena

Faena sin terminar,
como un torero corriendo al burladero.

Faena a medio hacer,
dejando la vida en el intento,
cantando en cada verso,
cantando en cada palabra viva
el himno bello de tus besos.

Susurro de poeta
en las estrías de la vida,
ofuscado en gozar efímeramente
de tus cálidas caricias.

Faena sin terminar,
siempre a la sombra de tu piel.

Remando a contracorriente
por anclarme a tu amor,
ese océano impenetrable.

LA ESCALERA (UN FLECHAZO)

A Fernando y Carmen

Él bajaba la escalera, ella la subía,
y en aquellos felices ochos escalones
el encuentro fue fulminante.

Él pensó: «La luz que necesito es su mirada».
Ella pensó: «Mi canción de amor favorita es su cara».

Tantas personas en este momento en la tierra
y nos tenemos que encontrar en la escalera.

Un encuentro fantástico, ideal, seductor…

«Hola, mi nombre es Fernando, quiero despertarme
todos los días de mi vida en tu cama
y que tus ojos alumbren mi camino».

«Hola, mi nombre es Carmen, he yacido en días oscuros
soñando con este momento,
te he querido antes de conocerte, mi querida lluvia
nos acompaña en este instante alegre».

Desde entonces, a sus corazones desnudos
les ha acompañado el sol, la música, los hijos;
su querer, como un tatuaje en un árbol,
se ha ido haciendo leyenda.

En la escalera sellaron su historia.

LIBERTARIA

Con mi cómplice,
embarcarme con ella en el océano de la vida
es lo mejor que he sabido hacer,
mujer-hacedora de amaneceres y sonrisas,
mujer-hacedora de libertad y caricias,
donde nacen mis versos
y emergen las ganas de vivir

Cogido de su mano, son esperanzadores los años venideros.
Mujer que me enseña a amar, a dar, a mirar, a valorar…

Sabiendo que amar no es igual a necesitar.
Romance de su tierna mirada,
libertaria miliciana del porvenir.

ENERO

La vida pasaba sin acontecimientos
dignos de importancia.

Enero, día a día como metro ligero,
iba y venía con la habilidad de la rutina,
afinando algún adorno o pincelada en mi existencia.

Los colores entonces eran grises,
la conversación nula, y la melancolía profunda.

Enero, donde las primeras efusiones de mis versos
son menos soportables para mi carácter.
Todo acontece entre frío y mal humor.

Evidentemente, no es un mes, enero,
que fuese una fuente inagotable de delicias.

De una escena del trabajo a otra escena.
Sonrío al recordar que me esperas en casa.

ESCRIBIR

Escribir.
Mis versos eres tú.
Acaricio feliz las teclas del ordenador.
Dejo que tu mirada se fije en ellos.

Escribir.
Mi sangre es tuya.
Vuelvo hacia un pasado que me alivia,
vuelvo a zurcir mi alma
con los hilos del recuerdo.

Escribir.
De ti, de mí, de los dos.
De tus ilusiones y sueños,
como bandada de estorninos
que viajan por el cielo azul,
buscando que la utopía se haga real.

Escribir.
Versos a mi manera.
Eres como la heroína de los cuentos,
eres como el chocolate de la vida.

Escribir.
Naciendo el verbo en ti.
Naciendo también el verso.

POR TI

Disfrutando con la movida
madrileña de mi alma,
con el oasis de mis versos,
por ellos y por ti respiro.

Aun si escribo «mariposa» y «estrella»,
si escribo en diagonal con colores,
solo estoy pensando en ti.

Bailando con tu recuerdo,
deseando tu beso perfecto.

Tu amor tiene forma de aullido
en noche de luna llena.

Y, sobre todo, caminar a tu lado,
caminar como si no hubiese nadie más.

Pasar los días contigo, sonriendo.

SUEÑO

Sus verdes ojos estaban encapotados,
sin el hermoso brillo de antaño,
y al atravesarlos con mi mirada,
me pareció que se ensombrecían un poco más.

Inevitablemente pensé que yo era el culpable:
algún verso le habría dañado,
algún gesto le habría asustado,
mi eterna torpeza.

Suspiré hondo y profundo,
y un «¡ay!» cayó de mi corazón.

Mi alma no resistió la caída,
se hizo pedazos.

Entonces, abrí los ojos
y la vi a mi lado en la cama.
Tiernamente susurrando,
me dijo: «¡Te amo!».

Y sentí intensamente la alegría
de nuevo en mi vida.

Alegría de mariposa

Mis versos en el blanco de la pared,
siendo cobijo de las pequeñas cosas.

Cada mañana, cuando abro los ojos,
me viene un recuerdo nuevo.

Contigo danzo feliz
al son de los días inciertos.

Comparto tu alegría de mariposa,
recién salida de la crisálida,
en su primer día de primavera.

Veo crecer en mi alma
flores y olores desordenados
de un nuevo y denso amanecer,
donde tu corazón supera al amor.

ESTALLA LA VIDA

Estalla la vida
en mi alma cansada,
propagándose como un rayo,
arrebatado de luz.

Llamándome,
para que salga
de su esquina.

Invitándome
al grito, al salto,
al sueño, a la osadía,
a la felicidad, a la risa…

Estalla la vida
para que pueda disfrutar
de sus desnudas caricias.

El guiño del sol,
el código secreto
de los besos de amor.

Las variaciones del verso.

La inauguración de la piel.

Las palabras diseminadas del poeta.

Estalla la vida
y la palpo
con el ansia de un náufrago,
como un amante
en la noche de boda,
como un rehén liberado
de la milla verde.

Estalla la vida,
perpetuando
un triple mortal
en mi camino.

Estalla la vida en mí.

Sempiterna resurrección.

SOY (I)

Soy un hombre sincero,
indagando la estirpe de mi pasado,
entonando el soneto de mis días.

Soy un poeta romántico,
los cadáveres de mis sueños
crujen debajo de mis pies.

Cerré la puerta
del porvenir, con vetusta llave,
anotando el día de hoy, en el calendario,
con las cenizas de tus besos.

Y los versos se esconden
tras tu sombra.

Soy un accidente
sin respuesta a tus preguntas,
a la izquierda del enigma de la vida.

Soy un hombre tranquilo,
descifrando torpemente
el aullido de mi corazón a la luna llena.

Rehén de una vida extranjera y solitaria,
reguero de horas desprendidas del tiempo,
inscritos a unos poemas deshabitados
que nacen de los pedazos de mi corazón

Soy un poeta costumbrista
en víspera del fin
de un mundo feroz.

LA LIBERTAD

En el camino, esquivando,
escenas grotescas
de una triste realidad.

La última herida:

dos enamorados, muriendo,
en la cisterna cenagosa
de la feroz vida.

He cambiado mi alba por tu ocaso,
he dejado mis versos en tu piel
y he soñado con un mundo mejor.

Buscando como aquel una persona honesta.

Silencio.

Dejemos hablar al viento.

En el camino, viendo asombrado
la lucha de las victorias pequeñas.

En el camino tú y yo.

Nosotros, con la libertad por bandera.

El bendito iluso

El bendito iluso

Su vida explotó en colores,
llevándolo de la mano.

Su corazón arroja amor,
ataviando su cara
de una bondad infinita.

El bendito iluso
se escondía en la trinchera
solitaria de la vida.

Sabía que pronto se iría.

Misteriosamente dibujaba
una sonrisa que no entendían.

Le rodeaban caras sin rostros,
personas zombis con candado
de siete llaves en sus corazones.

Sentía miedo, pero no tristeza.

Tendría que seguir andando
siempre incomprendido hacia adelante.

Porque se debía lo que era,
porque el futuro le cercaba
con un beso en la mejilla.

Porque ella lo esperaba en la noche

La noche feliz, la noche de amor.

La noche con ella.

MI REFUGIO

Mis versos se embriagan, enloquecen,
en la trinchera de la realidad.

Han doblado las rodillas,
en la descolorida conquista
de la existencia.

Esconden mi grisáceo bagaje
en un diminuto rincón
de la poesía.

Mis versos
escriben un boceto básico
en la página nueva
de mi corazón.

Es un pacto entre ellos:
mi refugio
y mi sangre.

Trinchera de mi pasión.

Libres frente al mar

Mis pensamientos positivos
vuelan por angosto sendero,
para confirmar lo que perciben de los otros.

Vuelan desde mi cerebro
al eterno firmamento.

Escriben en el cielo
la palabra «amor»
y a su espalda acecha la idea primaria.

Que vengan a por ellos
los que desean, libres, ver la mar.

EL AMOR ETERNO

Incluso el amor eterno tiene fecha de caducidad.

A veces hay que arriesgarse a dar un paso más,
atravesando las cenizas del ayer
por encima de su herida, su dolorosa cicatriz,
configurando sueños por vivir.

Incluso el amor eterno baja su telón.

A veces hay que creer que en la soledad
no tendrás que bajar la promiscua luna,
para iluminar tu nuevo camino.

La verdad del vetusto desamor
y su desdentado rostro y sus desgarradas manos
probablemente te acunarán solo por un tiempo.

Incluso el amor eterno tiene su despedida.

¿QUÉ BUSCAS?

¿Qué buscas?

Elige bien dónde llevar
las cicatrices del amor.

Elige bien dónde llevar
en el alma las astillas del vivir.

Elige bien dónde llevar
las fisuras de la carencia.

Raudo desapareceremos.

Al caminar vas creando
esa vida, que terminarás
en silencio, triste y mudo.

Al final serás, serán, seremos
el bocadillo predilecto de los gusanos.

¿SERÁ VERDAD?

Porque esta mañana siento
que la tristeza se diluye en mi café solo,
y siento la alegría y la calma
dando color y olor a mi alma.

(¿Será verdad?)

Escribo, escribo, sin parar, de pensar en ti.
Viendo, entonces, el paraíso ante mi mirada,
porque veo a mi cómplice feliz
en mi pequeño recuerdo.

Porque esta mañana siento
sereno el sentimiento,
crezco en tus besos
y me acerco tranquilo a la ternura.

Están dulcemente las sensaciones,
filtrándose por los poros
de mi cansada alma.

Porque esta mañana siento…
efemérides de la felicidad.

(¿Será verdad?)

DETRÁS DEL RUIDO

Voy caminando por esta crispada senda
donde los locos ganan puntos,
la desidia enquista conciencias,
la mano no encuentra a nadie,
el hambre se viste de abandono.

Sin piedad, vamos perdiendo
la esperanza, el futuro, la risa,
mucho ruido que no nos deja
escuchar lo esencial,
y aún me atrevo a escribir
estos versos pidiendo auxilio,
pidiendo que te detengas
y se crucen las miradas,
miradas que obtengan un «te quiero».

Son versos enfurecidos de un loco,
engañado por esas horas inciertas
de un futuro sediento de amor.

Es de noche

Es de noche.
La calle está desierta.

Resbalo en la acera de los sueños perdidos,
con sus horas desgarradas y eternas
por ese insomnio inmenso, lleno de dudas.

Y los efímeros versos, cuan caricias nocturnas
de una amante olvidada,
tocan mi alma suavemente
y me aferran al recuerdo de tu amor.

Ese recuerdo vuelve como eco descontrolado,
como voz que repite tu nombre.
Ese recuerdo que me llena de ti.
Y reclino mi alma en tu memoria,
descanso en esta tibia oscuridad,
donde los sigilosos minutos
pasan como mariposas
en una lóbrega primavera.

Y mis ojos se posan en tu figura
de mujer hecha de silencio.

Un neutrino llamado Holden

Holden soy yo.
Yo me uno a la soledad,
odiando a todos los cretinos,
buscando en mis versos refugio.

Poco sé de la naturaleza humana,
esa que no es naturaleza ni humana,
esa que en la calle asiste,
callada, al enorme vacío
de solidaridad y amor.

Y que quiere más que te diga
dejar que mis versos
sigan su camino al infinito,
esos versos que, como vida,
reinventan mi propia calavera
y crean un parapeto donde cualquiera puede esconderse.

Lector, vuela alto
y sonríe detrás de aquella
nube en forma de árbol.

Lector, desmenuza el miedo
y no dejes de bailar.

Mantén siempre los ojos abiertos
ante la imposibilidad
del descanso y el sueño.

La angustia se fija en ti,
el insomnio también,
pasas la noche en vela
vistiendo a la bella utopía.

Holden lo sabía,
sabía cuál era la salida
ellos necesitaban ayuda
para no caer al precipicio.

La ladrona de manzanas

La felicidad se ve en sus ojos,
robando manzanas,
recolectando momentos,
recolectando canciones,
robando recuerdos.

Son mis versos sinceros
los que hablan de ella,
ella, mujer libertaria, mujer enamorada,
el alba de las mariposas,
andante bajo su querida lluvia.

Hay en su vida
un son a camelias floreciendo,
y hay cuando viene ella
una alegría repartida,
un suspiro de olas,
dueña de la luz que alumbra.

La ladrona de manzanas
buscó asilo en sus abrazos,
para poder disfrutar en la fiesta,
para poder ser su melodía,
para gritar: «¡Vida!».

MÍRALA

La ladrona de manzanas
sigue caminando a mi lado.

Viviendo en el multiverso,
soñando despierto a su lado.

He nadado por océanos de tristeza,
he recorrido días digitales,
he sido un aullido en noche de luna llena.

Sus besos, su mirada, sus caricias,
borraron mis desdichas,
como el sol borra el cielo encapotado,
como se borra un tatuaje de henna,
como se borra la soledad del poema.

ROCK

A Robe

Aunque su voz
—su rabia, su tristeza alguna vez
me salvó del desastre—
nunca se escucha en los cuarenta,
en mi historia, en mi paupérrima vida,
hay un sempiterno recuerdo de ella.

Ayer, hoy y mañana
bailaré con ganas
sus libertarias canciones.

Me eduqué con su rock,
serán la memoria de mis días,
el incendio de la rutina,
el corazón de la utopía.

LOS VERSOS Y LA LADRONA DE MANZANAS

Cuando verso de ti,
te siento en mi corazón.

Cuando escribo de ti,
tu mirada, tus caricias, en mi alma.

Pero cuando estás a mi lado,
no necesito escribir, versar de ti.

Entonces, tiernamente,
nuestras manos…

Soy yo sin ti cuando escribo,
ese yo melancólico, solitario, poeta,
aunque ese yo a veces no existe,
y el yo que te escribe es un apéndice de ti.

Tú y yo, y mis versos.

CANCIONES

Las canciones de nuestra vida
se deslizan por nuestra sangre,
por la hondonada de nuestros recuerdos,
como relámpago, como fiel placer.

Van hacia nosotros, iluminándonos,
juntos, extasiados, emocionados,
llevándonos a un tiempo feliz,
a un tiempo pasado sin remedio.

COMO SIEMPRE

Es de noche, como siempre.

Lo distinto está en mí.
Se abren puertas, se pintan versos
y mis labios disfrutan de tu piel.

Y como soñador que soy vuelo a la quimera eterna.
Y siento que mi alma
viaja de la melancolía a la felicidad.

Es de noche, como siempre.

Pero mi corazón no se ahoga en la oscuridad.
Yo, más feliz, incluso sonriente,
cogí tus besos al vuelo y me puse a vivir.

VITA FLUMEN

Caminando por la oscuridad de la vida,
una oscuridad pintada por la ingratitud,
y pienso que los humanos son oscuros,
y me siento a un lado del camino
y no hay nadie, ni un alma,
y me convierto en árbol,
y entonces hay paz,
porque nunca fui uno de ellos,
soy paz como árbol,
soy claridad, en mañana azul,
y todo entonces cobra sentido,
una vida fértil y radiante,
una vida fluyendo hacia la mar.

Un día más

Un día más queriendo escribir,
y solo la lengua de la incertidumbre
lame mi desnuda herida.
Tantas mariposas de colores en mi mordaza
y esta borrasca que conmigo viaja.
Un día más, queriendo escribir
y, entonces, entre mis versos,
solo, un hombre solo, solitario,
en la gélida tarde de invierno.
Tantos lobos esteparios en mi cabeza,
y esta melancolía que me guía.
Un día más queriendo escribir
y es el pánico como dechado.
En el eco de mis recuerdos
aún me alivian tus besos.

PUNTOS SUSPENSIVOS

Atiborrado de noches insomnes,
ahíto de escribir a la felicidad
en sonoros versos nocturnos
para ir detrás de tus melosos labios.

Porque la vida está llena
de imágenes en blanco y negro,
sin música de violines,
y hasta la esperanza se arrastra
como sombra de lo que fue.

Y los puntos suspensivos
que ayer custodiaban con ahínco
la fotografía de nuestros besos
hoy han desertado.

Ebrio de ideas, las vomito al atardecer.

Interrumpo tu andar,
porque quizá nos veamos
algún raro y maravilloso día
al otro lado del espejo.

Mientras tanto…
tengo el mejor plan.

En el metro

Rey contra torre.
¿Vas a leer el poema
o me vas a dar esquinazo?

Tranquilo con una copa de vino.
Poeta semirroto, locura disimulada.
¿Has llorado en aquella película?
¿En esa que el padre llora la muerte de la niña?

Hora de escribir
En el metro, no conozco a nadie.
Cuidado, lectores, con el poeta
que te ve entre los versos.
A ver, ¿siguen leyendo?

En el metro, camino incertidumbre.
Cantad una melodía que podamos bailar.

Buscaremos la utopía donde podamos vivir.
Los ejes de la cordura chirrían.
Siempre buscando un abrazo.
Siempre buscando un recuerdo
que me haga seguir adelante.

Un nuevo amanecer del poeta.

Y ES TU NOMBRE

Y es tu nombre el motor
de mi corazón.
Y es tu nombre como
una gran sonrisa
en la cara de la utopía.

Y es tu nombre aliento
de mi cansada esperanza,
mirada de mis agotados ojos,
resurrección de aquel jardín
de los derrotados libertarios.

Y es tu nombre
como sendero en mi destino,
como los holas de las olas de la mar.

Y es tu nombre
como una tarde solitaria, en otoño,
regalado tiempo de silencio.

Y es tu nombre como camelia
dulce, encarnada, sedosa,
como un beso tuyo en mis labios.

Y es tu nombre albergue
de la risa, de la música
y de la libertad.

Un penique, seis chelines

A James Joyce

En Madrid como en Dublín,
en las tascas de las vetustas callejuelas,
las palabras usadas, tristes, torpes,
rancias, callosas, desdentadas,
conviven con vino y cerveza.

Saben del miedo al porvenir.
Saben de carencia y sufrimiento.
Terminan entre risas explicando
por qué el mundo,
como el Titanic, se partió en dos.

Jueves 16 de junio.

Como un final de fiesta
resacoso y jovial,
hablan todos a la vez
para no escucharse.

Vivir, morir, vivir, morir,
resucitar otra vez,
esconder las penas
que duermen en el alma.

¡Viajar!

En Dublín como en Madrid,
sangre agotada bajo el sol.

GUERRERA

No quiere ser princesa, ella es guerrera,
siempre en la trinchera,
ayudando al más débil, al necesitado,
volviendo a ver la ilusionante utopía.

Sueña entonces con un nuevo mundo,
sueña con el verbo, la sal, la tierra,
sueña con la mar, la luna, el verso.

Como pirata con parche en el ojo.
surca veloz las olas de la vida.

Sueña mecida por el viento,
la guerrera comparte y ayuda,
comparte la luz que alumbra,
comparte equidad e ilusión,
y rompe la tediosa pesadilla
de la grisácea rutina.

SUCEDE

Sucede que estoy tan cansado,
que los versos resbalan huraños
entre mi sangre y mi piel.

Y así, cansado, mi alma
sueña con la mar,
donde sus olas
cubren mi humilde pecho.

Agotado, soy ese árbol
que crece en la promiscua hondonada.

Sucede que estoy tan cansado,
que me hundo en tu amor
y allí tranquilo vivo.

RECUERDOS

Dentro del espejo dorado
se desperezan mis versos,
poemas asertivos donde, tranquilos,
viven tus besos.

Cada palabra, perenne, sólida,
viene con una caricia tuya.

A solas, el verbo y el adjetivo,
también el tímido adverbio,
bailan la alegre balada del amor.

Comparto su alegría de colores
en la vetusta noche del recuerdo.

Soy (II)

Soy una mezcla de Torres y Vico,
no se parecen en nada los dos,
río tranquilo, aguas turbulentas,
rosa y amapola, genes inapelables,
palabra a palabra sigo mi destino.

Soy, y es suficiente,
una persona, un poeta
que fue imaginado por ellos
para calcular su felicidad.

Surgen los metafóricos versos
de los recuerdos, de las vivencias compartidas,
las palabras que los románticos
legaban al grisáceo mundo.

Soy una mezcla de Vico y Torres,
de la torre solitaria contra la reina,
protegido en el letal universo
del romero mordido por la oliva,
de la vida, del amor, de lo completo.

VOLVER

La humedad de mi vida
se ha vigorizado
por el intenso frescor
de tu presencia.

Miro la película
de nuestro amor,
escucho su rockera
banda sonora,
y hallo la alegría
de nuestro querer,
atenazándome
hasta dejarme jubiloso.

Mi corazón, mis riñones,
mis entrañas, mis yoes,
que te necesitan de verdad,
sienten tu apoyo.

Me sumerjo
desnudo en la felicidad,
ha sido la vuelta
de tu mirada, de tus caricias.

La muerte de mamá

Ya vino la muerte y se llevó a mamá,
y ya no nos saluda desde el balcón,
ni nos alegra su sonrisa,
la tristeza nos inunda.

Mi corazón se ha desnudado
y se ha ido con ella
donde los muertos
se quedan tan solos.

Los versos me duelen en el alma,
detrás de su ausencia hay pesadillas
que devoran mis sueños.

Hay desgracia, desgana,
son horas de nada, de vacío,
de que las lágrimas inunden el hogar,
del grito, de la rabia contenida,
de contemplar el pasado
y recordar los bellos
momentos con ella.

Ya vino la fea muerte.

LA SUMA

La vida esquiva amante.

A veces se aleja, a veces sonríe,
a veces soy su sparring…

La vida esquiva amante.

Ella sin mis besos rotundos.
La vida es mi guerra.

Así, sin autorización, sobrevivo.

Uno no sabe.
Uno desea.
Uno no puede.
Lo que es la suma
no vale.

OFICIO: POETA

Sus verdes ojos estaban encapotados,
sin el hermoso brillo de antaño,
y al atravesarlos con mi mirada
me pareció que se ensombrecían un poco más.

Inevitablemente pensé
que yo era el culpable,
algún verso le habría dañado,
algún gesto le habría asustado...
mi eterna torpeza.

Suspiré hondo y profundo,
y un ¡ay! cayó de mi corazón.

Mi alma no resistió la caída,
se hizo pedazos.

Entonces, abrí los ojos, y la vi
a mi lado en la cama,
tiernamente susurrando
me dijo: ¡te amo!

RECUERDOS EN LA LÍNEA 3

En el metro, abarrotado, solo.
He cogido asiento, solo,
me siento a escribir estos versos.

Cruzo Madrid rumbo
a Plaza de España.

Hace mucho frío, no llueve,
estoy sentado solo, el vagón lleno.

Los recuerdos me traen tus besos,
las conversaciones a gritos,
la música, fuerte inclemencia.

Todos los rostros, todas las voces,
solo, tranquilo, mayor, melancólico.
Petrificado en el asiento,
voy cruzando Madrid a Plaza de España.

RACIONALIDAD

Hoy me quedé contemplando
a los diversos pasajeros del metro
y los vi decididos, casi obstinados,
dirigiéndose a trabajar,
algunos cerca de la muerte,
otros tristes esqueletos,
sin aura ni futuro.

No tenían elección,
batallar
por las migas
del duro pan diario.

Y me quedé perplejo
ante el espejo.
Problemática del alma,
sensación de levedad,
urbana racionalidad,
discurso original
de la vida que no es.

Animales somos
de escasa presencia
y rara actualidad.

Parámetros y variables
del alma cansada.

Pegados a la supervivencia,
cogidos entre
la nada y el miedo,
la mujer,
el hombre,
esperando que llegue
la muerte,
para ser el bocadillo predilecto
de los gusanos.

Anhelando mientras un dechado
para la compasión,
para la luz,
para la libertad.

Un poema al Atleti

A mi querido amigo
Juan Antonio Falcó

Tres veces
he cambiado
de religión
—ahora sé
que no todos
los caminos
llevan a Roma—.
Tengo mujer,
tierna cómplice.
Tuve amigos.
He andado
entre tinieblas,
la muerte
muy de cerca
me ha seguido.
He caído,
me he embarrado,
una vez más
me he levantado.
Perfil corporativo,
de antigua ruina,
suburbios utópicos,

caminos sinuosos,
rocas silenciosas,
árboles marchitos
he conocido.
Pasión Atlética
en el dichoso Metropolitano
de los quejidos perdidos.
Papel manchado
de ternura.
Risa tonta.
En paraísos artificiales
me he dormido.

Angostos senderos
he transitado.
Siempre
con la mirada
al frente.
Noches de abundancia,
días de escasez.
Casi todo
he dejado
o me ha abandonado.
Pero no,
como decía aquel,
no puedo,
no, no puedo,
dejar
al puñetero
Atleti.

ALMA DE VAGABUNDO

Iba en el cercanías,
dirección a Plaza de España.
Al levantar la cabeza del libro,
que con tanta ansia estaba leyendo,
vio tras aquellos sucios cristales,
aquellos terrenos verdes,
y entonces se imaginó
que era el mar que lo miraba,
las olas iban y venían, a unos metros de las vías.

Entonces el mundo parecía distinto,
las molestas voces de los pasajeros
mudaban en suaves graznidos de gaviotas.

Se bajó del tren en marcha,
y se desnudó enfrente de aquel inmenso mar,
y desnudo notó como le acariciaban las cálidas olas.
Se adentró tranquilo,

sabiendo que ya nunca volvería a salir.
Allí era feliz.

MÁS VERSOS EN EL CERCANÍAS

Esta libre sensación de sobrevivir
nos arrastra a la rutina,
a confinarnos en nuestros asientos,
en soledad, entre la multitud.

Hoy miraste en el hondo de tu alma
y viste que eras diferente,
mientras rugían las voces, los móviles,
y el muchacho cantaba su canción.

Enviarás memes, mensajes, reirás,
leerás, enarbolarás tu más sentido amor.

Te inquietan los inciertos días,
te acusan las horas de piedra,
te duele el caos, te exaspera el grisáceo futuro,
quieres andar, solo andar, errante.
Sales del vagón del tren,
sin meta y sin mirar atrás.

Entonces pones música,
pones Heroes de Bowie,
y el día se rompe en mil colores.
Pronto, a la vuelta en el hogar,
mi tierna cómplice, nos abrazaremos.

AMANECER DE HEROICIDADES

El bienestar de una sobremesa,
el calor de las palabras
al final de un ágape con amigos,
y sobre todo la calma,
el sereno y tierno sosiego,
el verde océano tranquilo,
con la majestuosa embocadura
de la conversación,
hacia ti, hacia él, hacia mí,
hacia dentro, muy dentro
de nuestras almas.

Una buena copa de vino
en nuestras manos.
Sonrisas, gestos, miradas,
el verbo guardián del amor.

Es, sin duda, un momento feliz,
amanecer de heroicidades,
instante, momento titán,
versión original, en blanco y negro,
que anima, motiva, fortalece
lo mismo que la espuma de la mar.

Entonces basta simplemente
una palabra, un verbo, un adjetivo,
que nos aleje de la distopía de este mundo.

Entonces nos sentimos bien,
cerca, muy cerquita
de eso que llaman vivir.

SOY (III)

Soy un sencillo y melancólico poeta,
con arena en los bolsillos,
varios sueños por cumplir,
tez asimétrica, mirada tierna.

Paria de futuro incierto,
que fundió en su alma el coraje
y la soledad tranquila
del lobo estepario.

Por la noche me convierto en aullido
buscando una luna donde refugiarme.

Por el día deambulo buscando esa quimera
donde poder aferrarme antes del naufragio.

De regreso a la cordura,
vivo estoicamente como un reo,
eternamente solo, eternamente uno,
con la vista fija en la traidora esperanza
de un nuevo amanecer.

AMANECER

He escuchado mi nombre
de su bella boca,
y las sensuales sensaciones
pasean por mi renacido cuerpo
como una canción de rock
en una cálida noche de verano.

Y es su mirada la mar
donde desea perderse mi alma.

Y es la más bonita de las sonrisas,
y es la más bonita de las princesas.
Oh, querida mía,
el eterno amanecer de mi amor.

Y AHORA TOCA HABLAR

A Román Doral

Es una cuestión necesaria
crecerse como persona a su lado.
Los versos nacidos de mi alma
aprenden a moverse con soltura
debido a su leal conducta.

En el alegre horizonte,
las mariposas agitan sus alas
renovando el aire que respiramos,
y el arduo y constante caminar de Román
lleva escrito un dechado de libertad.

Y como hazaña inevitable
engendra razones a doquier
que visualizan el Nuevo Mundo
en las entrañas de los oyentes.

Dejemos que este atardecer
nos traiga las estrellas.

JUNTOS

La vida, ese mágico instante
en la alameda en otoño
con los árboles de hojas amarillas,
mientras suena Loquillo
y nuestras miradas se cruzan
llenas de amor, y nuestras palabras
descubren nuevos movimientos
de nuestro antaño querer.
Por esa vida sí
que hay que luchar sin cejar.

Juntos los dos en Soria,
se encuentran nuestros besos
y se crea el recuerdo, sustento,
de nuestras combativas almas.

Afrontar, la ternura y su fuego,
ebrios de delirio,
ebrios de amor.

Permanecer,
permanecer decididos,
viendo, respirando, viviendo
la belleza del atardecer, juntos,
como bolero de una sola luna.
Permanecer reparando el instante
y ese recuerdo, ese sustento nuestro
de cada día, ascienda como leyenda
a las estrellas.

GAZA

He imaginado alegres versos
como incrustaciones de cristal
en la trágica realidad.

He imaginado el contagio de la felicidad
y de la equidad
frente a la angustia mundial,
al ver a esos niños morir, por ejemplo, en Gaza.

Me he dejado invadir
por la sonrisa, por el estallido de la ilusión,
por el encuentro de la paz.

Pero, como siempre,
casi nadie mira a los ojos,
ni se para a leer el tatuaje
en las miradas de los desdichados.

Detrás de aquellas huellas del caminante,
tal vez, nos acerquemos,
al final de la partida mundial.

En este día triste, casi bruno,
la vida cierra la historia
de aquel sueño que tuvimos
donde los que no tienen nada,

las víctimas de las guerras, el paria…,
intentan subirse a la carreta de la vida.
Y se quedan despiertos toda la noche,
en pie, en guardia,
con la mirada al frente,
salvando la existencia del naufragio.

WALDEN

A Raúl Rodríguez

Walden es Raúl.
Walden probablemente eres tú.

Capataz de tu propia esclavitud,
capaz de disfrutar
del esplendor del momento.

Solo entre la multitud,
parando para ver los colores
del atardecer, la nieve caer.

Hacedor de tu destino.

Dispuesto a caminar tranquilo,
dispuesto a disfrutar del arduo trabajo,
dispuesto a compartir
una buena botella de vino,
dispuesto a escuchar el ulular del búho.

Lo cierto es que la vida reposada
nunca es posible del todo,
pues los malvados están acecho de su víctima,
de su presa,
esa despistada, buena, serena.

Mientras tanto, disfrutamos
de nuestro propio mundo,
de nuestra propia superluna llena.

Mientras tanto, disfrutamos de vivir
recomendando la alegría.

MISMO LUGAR

La humedad
de mi vida
se ha vigorizado
por el intenso frescor
de tu presencia.

Miro la película
de nuestro amor,
escucho su rockera
banda sonora,
y hallo la alegría
de nuestro querer,
abrazándome
hasta dejarme jubiloso.

Mi corazón, mis riñones,
mis entrañas, mis yoes interiores,
que te necesitan
de verdad,
sienten tu amor.

Me sumerjo
desnudo en la felicidad,
ha sido la vuelta
de tu mirada, de tus caricias.

Epílogo

¿Qué es una fotografía? Es el arte mediante el cual se captan imágenes de momentos muy específicos, imágenes que van atestiguar la historia.

En la fotografía hay dos actores importantes: el fotógrafo y el observador (quien ve la foto). Ambos reflexionan sobre la imagen y expresan sus impresiones sobre ella: el fotógrafo trabaja con las sensaciones y emociones que le producen las personas, paisajes, objetos y demás cosas que ha decidido fotografiar. El observador trata de identificar estos elementos, pero también los interpreta utilizando sus propias experiencias, emociones y pensamientos.

Lo cierto es que la poesía es un arte similar a la fotografía: se necesita al poeta que plasme sus ideas, sensaciones, sentimientos, etc. en hermosas palabras, y un lector que interprete esas palabras y en alguna ocasión incluso las haga suyas.

Lo cierto es que la poesía nunca ha sido de mis artes favoritos de la literatura, pero, parafraseando lo que decía Loquillo, «mi vida se fue ensuciando al ritmo de la poesía de Torres Vico, desde entonces siento simpatía por sus poemas».

En este poemario encontramos poesía social, de amor, desamor, libertaria, autobiográfica. Destaca su profundidad filosófica y el uso recurrente de los árboles, las mariposas.

¿Por qué escribe Torres Vico? Él mismo lo explica en unos de sus poemas.

¿Por qué escribo?
Porque muero en el bostezo
de esta vida infame,
y me atrinchero en mi poesía,
y me contraigo en el verbo,
grabado en sangre,
mártir indomable.
Porque soy lo que escribo
y sonrío al ver tu mirada
por mi esqueleto
de balada y canto,
mi piel vestida de versos,
mis manos, mis ojos,
irreversibles vocablos.

Otro de sus poemas que me llevó a sonreír. Es el poema que le dedicó a su hermano Samuel Palacio. ¿Por qué? Me estremeció profundamente. Creo que sus versos hablan por sí solos:

Mis versos le describen y saben
que nos enseña a vivir,
que nos enseña a bailar
esa canción flamenca que es la vida,
con la felicidad de lo nuevo,
con la felicidad del descubrimiento.

Otro de sus poemas que me gusta mucho es «Un penique, seis chelines», dedicado a James Joyce, uno de sus escritores favoritos.

En Madrid como en Dublín,
en las tascas de las vetustas callejuelas,
las palabras usadas, tristes, torpes,
rancias, callosas, desdentadas,
conviven con vino y cerveza.

Saben del miedo al porvenir.
Saben de carencia y sufrimiento.

Un poema que habla de la vida, de esas personas que viven en su esquina, marginadas.

Me he referido en particular a estos versos, pues son los que me han emocionado; sin embargo, en este poemario que tienes en tus manos hay también muy buenos versos en los que vas a poder encontrar el alma del autor. Devora con tranquilidad este genuino y espectacular poemario.

MARÍA BELTRÁN, FOTÓGRAFA

Índice

Prólogo 7

Cataclismo 11
La caja 12
406 13
Mi guerra 14
Bailar 15
Así es la vida 17
Insignificantes detalles 19
Volver a empezar 20
El arca 21
Delirio 22
El beso 24
Depresión 25
Ganas de otoño 26
Xove 27
Para escribirte 28
La fuga 29
Tu verdad 30
Te atreves 31
Esta azul noche 32
Recuerdos 33
Sensación 34
Ese instante 35
Dos amantes 36

El sueño eterno 37

Mi cómplice 38

Sevilla 39

Para ti 41

Vida 42

Ese momento de huida 43

La faena 44

La escalera (un flechazo) 45

Libertaria 47

Enero 48

Escribir 49

Por ti 50

Sueño 51

Alegría de mariposa 52

Estalla la vida 53

Soy (I) 55

La libertad 57

El bendito iluso 58

Mi refugio 60

Libres frente al mar 61

El amor eterno 62

¿Qué buscas? 63

¿Será verdad? 64

Detrás del ruido 65

Es de noche 66

Un neutrino llamado Holden 67

La ladrona de manzanas 69

Mírala 70

Rock 71

Los versos y la ladrona de manzanas 72

Canciones 73

Como siempre 74

Vita flumen 75

Un día más 76

Puntos suspensivos 77

En el metro 78

Y es tu nombre 79

Un penique, seis chelines 80

Guerrera 82

Sucede 83

Recuerdos 84

Soy (II) 85

Volver 86

La muerte de mamá 87

La suma 88

Oficio: poeta 89

Recuerdos en la línea 3 90

Racionalidad 91

Un poema al Atleti 93

Alma de vagabundo 95

Más versos en el cercanías 96

Amanecer de heroicidades 97

Soy (III) 99

Amanecer 100

Y ahora toca hablar 101

Juntos 102

Gaza 104
Walden 106
Mismo lugar 108

Epílogo... 109